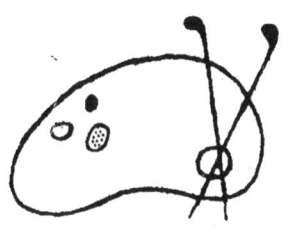
Début d'une série de documents en couleur

Couverture inférieure manquante

LE
CAS
DES
CLOCHES

SOUMIS

PAR

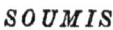NADAR

A

MONSIEUR LE MINISTRE DES CULTES

(— puisqu'il y en a encore un...)

et à tous Maires, Conseillers Municipaux, Députés,
et même Sénateurs.

CHAMBÉRY

IMPRIMÉ PAR MÉNARD

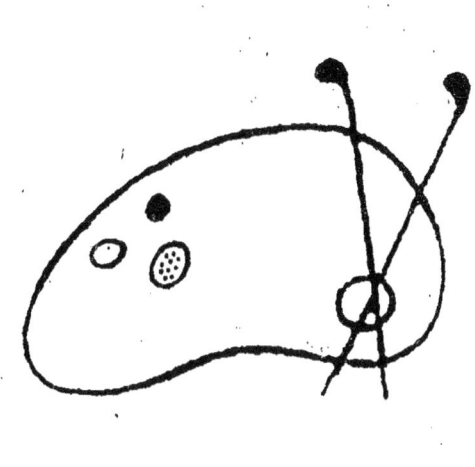

Fin d'une série de documents en couleur

Cette édition de luxe a été tirée à deux cent soixante-quinze *exemplaires numérotés,*

Savoir :

de 1 à 100 sur papier de Hollande, pour dons.
de 100 à 300   idem,   pour vente, à 3 fr.
de 1 à 33 sur papier du Japon, à 6 fr.

———

N°

———

Il n'est pas de petit abus, comme il n'est pas de vérité indifférente.

Le Cas des Cloches est une question de préservation générale pour tous ceux qui veulent paix et repos.

Contre ce bruit abusif, immotivé, incompatible avec tout droit et notre liberté, j'adresse donc ma protestation personnelle — que tant de mains avec la mienne signeraient :

1° — à Monsieur le Ministre des cultes — (puisqu'il y a chez nous encore, à l'heure qu'il est, un ministre des cultes) ;

2° — à Messieurs nos Représentants, Députés ou Sénateurs, — s'ils trouvent le temps d'y jeter les yeux entre leurs vacances renouvelées, voyages avec passeports d'indigents, querelles de portefeuilles, intrigues de couloirs et tripotages financiers.

———

Mais j'adresse, surtout et avant tout, cet appel à l'opinion publique : — à mes concitoyens, aux maires et conseillers municipaux de toutes nos communes, auxquels il appartient en premier ressort ; — aux journalistes libéraux de toutes nuances dont, mieux que législateurs avariés et ministres en décomposition native, la seule volonté exprimée suffira à nous délivrer d'un vacarme superlativement inutile (c'est dire nuisible), arbitraire et impertinent.

N...

———x———

LE CAS DE LA CLOCHE

LA CLOCHE.

(*Lentement.*) Baoum ! Baoum ! (*Plus vite.*) Dig ding dong ! Dig ding dong ! Dig ding dong !! (*Avec furie.*) Dig ding dong ! Dig ding dong !!!...

LE MALADE.

Aïe ! la tête ! Aïe ! les tempes !... Grâce !... Au moment juste où je commençais enfin à trouver un peu de repos, après cette horrible nuit !... Grâce !!...

LA CLOCHE.

Dig ding dong !

LE PROTESTANT.

Barbare, tais-toi ! Nous sonnes-tu donc encore la Saint-Barthélemy et appelles-tu par les cimes Cévennoles les dragons du Roi pour massacrer nos femmes, violer nos filles et nous ravir à jamais nos petits enfants ?

LA CLOCHE.

Dig ding dong !

CHŒUR
DES JUIFS ET HÉRÉTIQUES ALBIGEOIS, VAUDOIS, HUSSITES, ETC.

Tais-toi, scélérate ! Tu as toujours la même voix, l'exécrable voix qui donnait le signal du feu sous les bûchers de Séville, de Béziers, d'Amboise, de Gand, de partout !

LA CLOCHE.

Dig ding dong !

MONTLUC.

Sonne, cloche ! — « *Tuez, tuez tout ! Dieu reconnaîtra les siens !* »

LA CLOCHE.

Dig ding dong !

SAINT PIE V.

Sonne toujours ! — « *Qu'on apporte la torche et l'épée ! Il n'est rien de plus cruel que la miséricorde envers l'impie !* »

LA CLOCHE.

Dig ding dong !

BOILEAU.

« *Pour honorer les morts, fais mourir les vivants.* »

LA CLOCHE.

Dig ding dong !

AROUET DE VOLTAIRE.

Persécuteurs du genre humain
Qui sonnez sans miséricorde,
Que n'avez-vous au cou la corde
Que vous tenez dans votre main !

LA CLOCHE.

Ding ding dong !

CHATEAUBRIAND.

Je suis l'ennui solennel. La cloche m'égaie.

LA CLOCHE.

Ding ding dong !

LAMARTINE.

Je m'appelle Jeannotcelyn. C'est moi qui ai dit le mot célèbre : « Défions-nous des surprises du cœur ! » — La cloche m'attendrit.

LA CLOCHE.

Dig ding dong !

GŒTHE.

J'ai nom le Génie. J'exécrais la cloche, fléau de l'enfant, bourreau du forçat.

LA CLOCHE.

Dig ding dong !

HÉGÉSIPPE MOREAU.

« *Cloches bavardes, allons donc !*
Taisez-vous donc ! »

LA CLOCHE.

Dig ding dong !

ALFRED DE MUSSET.

« *— Ah ! quel exécrable carillon de cloches !*
Le diable soit de m'avoir éveillé trop tôt ! Je
rêvais, je rêvais... ! »

LA CLOCHE.

Dig ding dong !

MONSEIGNEUR BELLOT DES MINIÈRES
ÉVÊQUE DE POITIERS.

« *Oh ! cloche, tais-toi donc ! Tu vas chasser mon rêve !* »

LA CLOCHE.

Dig ding dong !

BAUDELAIRE.

« *Des cloches tout-à-coup sautent avec furie*
Et lancent vers le ciel un affreux hurlement. »

LA CLOCHE.

Dig ding dong !

BÉRANGER.

« *Du dîner j'aime fort la cloche.* »

LA CLOCHE.

Dig ding dong !

VICTOR HUGO.

« *Sonne aujourd'hui le glas, bourdon de Notre-Dame,*
« *Et demain, le tocsin !* »

LA CLOCHE.

Dig ding dong !

L'ORFRAIE.

Je suis la meurtrière nocturne : du clocher, chaque soir, je glisse par les ténèbres sur mes ailes de ouate pour surprendre dans leur sommeil et égorger les petits oiseaux. De mère en fille, on ne nous dérangea d'ici jamais : le clocher est mon hôte, mon recéleur et mon complice. Vivent les cloches !

LA CLOCHE.

Dig ding dong !

LE CONCORDAT.

C'est moi, — un malin ! — qui ai réveillé les cloches assoupies, et c'est moi qui leur donne encore aujourd'hui la pâtée. Qui veut le Palais, veut l'Eglise.

LA CLOCHE.

Dig ding dong !

NAPOLÉON Ier.

Je fus le monstre parmi les monstres ; aussi — « *je n'ai jamais entendu à la Malmaison* « *la cloche du village voisin, sans me sentir* « *EMU —* (*...!!!...*) »

LA CLOCHE.

Dig ding dong !

BOSSUET.

« *On se sert du son* (sic) *des cloches pour dissiper les nuées.* »

LA CLOCHE.

Dig ding dong !

LA SCIENCE.

Silence, ignare ! « — *L'usage de sonner les cloches pendant l'orage occasionne de fréquents sinistres.* »

LA CLOCHE.

Dig ding dong !

L'ARTILLEUR DE LA RÉPUBLIQUE

Ah ! coquine ! J'avais bien commencé à Toulon la besogne que j'ai si mal finie ; mais cette bonne fois, je te fondrai, gueuse ! pour faire de toi le dernier boulet qui tuera le dernier des rois !

LA CLOCHE.

Dig ding dong !

LE COMTE DE SALVERTE (*à la comtesse*).

Ecoutez-moi, bobonne ! Je me suis réveillé ce matin avec une idée charmante. Nous allons donner une nouvelle cloche à la paroisse, et en augmentant le loyer de nos locataires, ça ne nous coûtera rien du tout !

LA CLOCHE.

Dig ding dong!

LE CENTRE GAUCHE.

Il y a du pour. Il y a du contre. Attendons encore un peu sans nous prononcer! — On pourrait peut-être *séculariser* l'usage des cloches en l'étendant aux services municipaux?

LA CLOCHE.

Dig ding dong!

TOUT LE MONDE.

C'est ça, double Jocrisse! Pour nous exaspérer davantage encore à les entendre deux fois au lieu d'une!

LA CLOCHE.

Dig ding dong!

L'ANNÉE 1882.

Toujours cet insupportable bruit! Ah! çà, mais quelle heure est-il donc?

LA CLOCHE.

Dig ding dong!

UNE VOIX.

L'an XII de notre République définitive, juste dix-huit cent quatre-vingt-deux ans après ce Jésus qui avait recommencé Platon.

LA CLOCHE.

Dig ding dong!

LE MONSIEUR NERVEUX.

Mais est-ce que ces gredins-là vont nous embêter comme ça encore longtemps! De quel droit quelques garnements s'arrogent-ils la permission de troubler le repos de tout le monde et de nous imposer leur vacarme stupide? Et on me fait payer, à moi, ces animaux-là, encore, pour m'énerver de leur tapage! C'est aussi par trop d'insolence et d'impudence! C'est un défi, une vraie provocation!

LA CLOCHE.

Gueule tant que tu voudras, braillard, qui ne sais faire que ça! Je hurlerai plus haut que toi et le dernier mot me reste. Puisque tu es trop bête pour ne pas m'avoir déjà cent fois pour une jetée bas, je sonne, je sonnerai toujours, et je sonnerai même à ton enterrement, bourrique! — Dig ding dong!!!

A M. LE MAIRE D'AIX-LES-BAINS

(— *à son défaut, à Messieurs les Membres du Conseil municipal*).

Aix-les-Bains, le 16 octobre 1882.

Monsieur le Maire,

Vous êtes assurément un homme de justice et d'humanité. Votre seule fonction, tutélaire, paternelle, de premier magistrat de la Cité d'Aix témoigne de votre sollicitude pour les intérêts de vos administrés. Enfin, personnifiant en vous tous ces intérêts réunis, Monsieur le Maire doit assurément être, — suivant le bon sens, et comme tout charbonnier, — maître chez lui.

A ces titres, veuillez permettre une question à un hôte persistant, étranger pour vous, mais qui aime votre ville et lui est reconnaissant de lui avoir rendu la santé, je pourrais dire la vie.

Quand je vins à Aix pour la première fois, il y a quelque dix ans, après nos plus mauvais jours, c'était en dernier appel de l'arrêt de la Faculté qui m'avait condamné, et je ne pouvais plus trouver trêve à mes souffrances que dans quelques instants de sommeil au jour naissant.

J'avais ici, Monsieur le Maire, compté sans vos cloches.

A peine m'arrivait-il enfin, ce sommeil bienfaisant, que le premier tintement d'une cloche me réveillait en sursaut.

Comme si celle-ci ne suffisait pas au-delà, une autre partant en branle se mettait à tinter en bourdon;—puis une troisième;—et combien encore, déchaînées ! Car, dans cette torture, mes mains collées sur mes tempes, ma pauvre tête martelée ne savait plus compter les coups, s'en tenant à implorer grâce...

Je n'aurais pas la cruauté de souhaiter pareil supplice au bourreau qui me martyrisait ainsi. Mais combien d'autres infortunés malades en ont souffert comme moi — et combien en souffrent encore !...

C'est pour ceux-là d'abord, Monsieur le Maire, que je vous écris, car vraiment j'ai mal en pensant chaque matin, sur le premier coup de cinq heures, à tous ces pauvres gens qui ne trouvent même pas miséricorde dernière sur les matelas de votre hôpital, sous la portée immédiate de l'inexorable clocher...

Ce n'est pas tout.

A toute autre heure du jour et plusieurs fois par jour, inopinément, brutalement et sans provocation, éclate le vacarme en mineur et en majeur qui tinte, geint, brâme, beugle ou mugit. Par instants, tous ces airains diaboliques semblent se surexciter les uns les autres, et, comme enragés, se mettent à hurler ensemble dans le plus effréné des tintamarres et en vérité comme s'ils voulaient nous exaspérer au comble et par défi. (1)

---

(1) J'ai de mes yeux vu, sur la place, jusqu'aux chiens protester, ahuris de la brusque attaque, énervés jusqu'au paroxisme et rendant hurlement pour hurlement, tout secoués par le frisson épileptique de Saint-Guy.

Quel habitant, quel visiteur d'Aix, surtout aux heures où le besoin du calme, de l'absolu repos le plus impérieusement s'impose, n'a tressauté de sa couche, maudissant sonnerie et sonneur ? Qui n'a compté les secondes à attendre la fin de l'intolérable angoisse ? Combien de légitimes plaintes n'ont-elles pas dû vous être portées ? N'ai-je pas entendu, et plus d'une fois, même des catholiques fervents protester ici au moins contre l'excès ?

Tout bruit est odieux, surtout pour l'homme de paix, et les polices de nos cités justement les proscrivent. C'est si bon, le silence ! que le Droit au silence semblerait le premier, le plus naturel des Droits. — Pourquoi donc l'exception et le privilége précisément pour ce bruit des cloches, le plus cruel, le plus implacablement obstiné de tous et contre lequel il n'est pas de refuge ?

Son indispensabilité s'impose-t-elle donc absolument ?

Y aurait-il inconvénient trop grave à apporter au moins quelque modération dans le supplice ?

Qui donc enfin a « *le Droit* » de nous l'infliger ? Et n'y a-t-il pas quelque témérité aux sonneurs de ces cloches à nous rappeler avec cette insistance qu'ils sont encore là ?

Mais, aussi, par ce siècle de la névrose, puisqu'il est une pathologie d'époques, comment le Corps médical d'Aix, où se comptent des hommes si éminents, — auquel *de prime droit* cette question *appartient*, — ne défend-il pas les malades qui se confient à lui ? Comment n'a-t-il pas énergiquement, depuis longtemps, mis fin à un aussi détestable abus et coupé court à cette industrie insalubre ?

N'appréciez-vous pas, Monsieur le Maire, qu'il y a là au premier chef inhumanité, cruauté même envers les malades qui, de tous les points du globe, viennent demander à la Ville d'Aix apaisement et bienfait ?

Ne trouvez-vous pas que pour les gens de loisir et touristes, qui contribuent de leur mieux à la prospérité et au développement de votre ville, il y a aussi là une oppression, un énervement permanents ?

L'hospitalité Savoyarde ne s'en mesoffre-t-elle pas et n'y a-t-il pas ici un intérêt légitime

à protéger pour les propriétaires et habitants d'Aix, — intérêt d'urgence de si loin que date l'abus ?

Enfin, avez-vous ou non droit et pouvoir de nous défendre ?

La Loi nous dit libres comme elle nous dit égaux : au moins, savons-nous que c'est écrit, et si ce n'est fait, c'est à faire. La liberté de chacun étant le droit de faire tout ce qui n'attente pas à la liberté des autres, y a-t-il là ou non attentat à la liberté de mon repos ? Qui peut, à cette heure, prétendre m'imposer ce qui m'est préjudiciable ou m'incommode ?

La question d'équité, de raison et d'humanité, comme celle de droit, est d'une limpidité telle, me semble-t-il au moins, qu'elle n'a besoin que d'être posée.

J'en appellerais, au besoin, à Monsieur le Curé d'Aix lui-même, que je n'ai pas l'honneur de connaître et qui est, me dit-on, de bon vouloir et de sens élevé. Par quel phénomène contradictoire, par quels bizarre renversement et perversion de logique, un homme qui représente les idées de recueillement, de calme et avant tout de charité, peut-il être amené à se transformer en un être cruel, barbare et sauvage, fauteur de cacophonie énergumène, tapageur, même nocturne, et perturbateur de l'ordre public ?

La vieille coutume des cloches qui peut être chère à Monsieur le Curé comme bon catholique, ne lui est certainement pas plus précieuse comme Chrétien, d'abord que la Justice, ensuite que le soulagement des souffrants : deux lois suprêmes, indiscutablement supérieures à une tradition quelle qu'elle soit. « — *Liberté, Egalité,*» disons-nous ; Monsieur le Curé, s'en tenant à la meilleure part et je n'en saurais l'honorer moins, prononce seulement :— « *Fraternité* » et il nous affirme à l'appui que le bon Dieu nous a faits tous frères. L'hypothèse est belle assurément et me touche. Mais quand nous nous gardons, nous, de répéter le fameux : « Sois mon frère ou je te tue ! » (qui a quelques chances de n'avoir jamais été dit), comment Monsieur le Curé nous ferait-il, en bonne conscience, hurler de jour et de nuit par ses cloches, non moins contraires à la fraternité qu'hostiles à toute hygiène et thérapeuthique : — « Sois mon frère pour que je t'assassine ou au moins que je te rende sourd ! »

Je ne demanderai pas surabondamment à Monsieur le Curé si, par exemple, quand sa cloche sonne pour le dernier honneur à un mort, elle ne va pas un peu férocement rappeler à un mourant où il en est. Il ne manquerait pas de me répondre que c'est précisément ce que veut sa cloche : je lui répliquerais que si la mort est une si bonne chose, on eut le plus grand tort de nous donner la vie, etc., — et nous n'en finirions pas.

Tout au moins, Monsieur le Curé me fera-t-il l'honneur d'être avec moi d'accord pour reconnaitre, avec toutes actions de grâces qu'il appartient, que si nos sens nous ont été donnés effectivement, nous irions à l'encontre des volontés du donataire en ne nous en servant pas ou en nous en servant mal ou en empêchant notre prochain de s'en servir. — Ainsi, je suis plus que certain qu'il ne viendra au grand jamais à Monsieur le Curé la tentation répréhensible de porter préjudice à mon odorat en me fourrant à la journée et moins encore la nuit de l'*assa fœtida* sous les narines, ni de m'opprimer de son toucher en m'écrasant les orteils avec son soulier ; — non plus que la pensée ne saurait me pousser une seconde de choquer son regard avec des objets inconvenants ou d'infliger à son palais des « lavarets » trop avancés, s'il me fait le plaisir de partager ma soupe. Comment alors peut-il violer la libre jouissance de mon ouïe en me déchirant le tympan par l'assourdissement permanent et acharné de ses intolérables cloches ? Celui qui compta les Plaies à l'Egypte avait lui-même reculé devant celle-là, comme excessive. Le Pastoral doit-il donc se faire fléau ? Passe encore s'ils avaient au moins l'attention intelligente de nous caresser l'oreille avec les carillons mélodiques des Flandres et du pays de Hollande : mais non, ici rien qu'un bruit brutal, bête comme tout bruit, une insurrection de chaudronnerie. Quand Monsieur le Curé sait penser si bien et si bien nous dire à l'occasion la juste louange des musiciens qui nous octroyent l'harmonie des sons, ne sent-il pas qu'il fait grincer tout là-bas la harpe de David, à vendre ainsi qu'il fait au plus offrant, c'est-à-dire au plus vaniteux, le moins euphonique des bruits ?

Encore n'a-t-il pas scrupule et n'y a-t-il pas quelque peu scandale à encourager ainsi le péché d'Orgueil, — des péchés le pire, nous disait-on. L'inégalité jusque par de là la mort ! La promesse de l'Evangile a-t-elle donc fondu comme d'antan ?

Je ne voudrais pas encourir le reproche d'ignorance que les journaux dits religieux laissent si volontiers tomber de si haut sur les profanes, c'est-à-dire ceux qui n'ont pas leur façon de voir : je crois savoir un peu à quelles raisons d'être peuvent répondre les cloches et surtout à quoi elles ont répondu. Ce que nous voyons ici de plus clair, c'est que le Temporel prime le Spirituel et que, pour dire le mot, « *le casuel* » n'y perd rien : reste à établir ce que le bon Dieu y a jamais pu gagner. Nous n'avons pas, d'ailleurs, à nous occuper de temps qui ne sont plus du tout les nôtres, et je tiens d'abord pour certain qu'en pratique, — et c'est la grosse affaire, — Monsieur le Curé verrait de bien mauvais œil et écouterait encore de pire oreille la discordance de tous les autres cultes reconnus et à reconnaître, s'il leur venait la fantaisie de se manifester par des sabbats violents comme le sien, et de déchirer l'air chacun à sa méthode, comme lui à la sienne, — Juifs, de leurs synagogues, — Protestants, de toutes leurs chapelles dissidentes,— Orthodoxes, Mahométans, Japonais dont nous avons ambassade à poste fixe, et jusqu'aux Chinois avec leurs gongs. — N'en serait-il pas réduit à prendre ses jambes à son cou, comme on dit, pour fuir sa propre paroisse et échapper à pareil charivari ?

Mais, sans pousser les choses à un tel extrême, si, — tout simplement, — moi, citoyen comme Monsieur le Curé et son égal en tous droits, — dès demain matin, pour le premier coup de cinq heures, sur un terrain qui m'appartiendrait aux mêmes titres que l'église à Monsieur le Curé, — je m'avisais de disposer une machine-monstre à vapeur qui, à chaque coup de l'horrible cloche, répondrait par un hurlement de sifflet égal à celui d'un demi cent de locomotives, à en assourdir la Dent-du-Chat et rendre fou le Semnoz ? — *Quid ?* Vous avez, vous, la Religion des Cloches ; j'ai, moi, la Religion des Chemins de fer. — *Egalité !*

Finissons. — Quant aux personnes sentimentales (pour ne rien laisser derrière nous) qui trouvent un charme à la voix des cloches, — tout en confessant les aimer « dans le lointain » et non à bout portant, comme on nous les sert ici, — je ne négligerai pas d'en tenir compte ; le terrain essentiel étant vidé, nous pouvons nous abandonner un instant à la dérive. Je respecte tout et le droit des minorités, et je ne saurais opprimer personne, même un poète lakiste, eût-il encore écrit le Manifeste impie de 1848, — ce « chacun chez soi » plus que prosaïque, imbécile démenti à notre héroïque Convention, qui mit arrêt à la République universelle et légitimement nous valut l'invasion de 1870.

Que les âmes tendres, donc, auxquelles toujours la romance fut chère, s'entendent et s'arrangent absolument comme elles voudront, dans leur pleine et entière liberté d'action, et fût-ce « dans le lointain », pour écouter leurs cloches ; — mais à la condition première, absolue, que, nous autres, nous ne les entendrons pas !

Si c'est aussi votre avis, Monsieur le Maire, donnons-nous la main, et veuillez agréer, en tous cas, l'expression de mes meilleurs sentiments.

NADAR.

www.ingramcontent.com/pod-product-compliance
Lightning Source LLC
Chambersburg PA
CBHW070459080426
42451CB00025B/2797